WAYNE DYER

Übe dich
im Nichttun,
und alles fügt
sich zum Guten

arkana

Wayne Dyer

Übe dich im Nichttun, und alles fügt sich zum Guten

Aus dem Englischen
von Franchita Cattani

arkana

Die amerikanische Originalausgabe erschien 2010
unter dem Titel »A New Way of Thinking, A New Way of Being«
im Verlag HayHouse, USA.

Anmerkung der Übersetzerin und des Verlags:
Laotse und *Tao Te King* sind im Lauf der Zeit auf
viele verschiedene Arten geschrieben worden.
Wir benutzen die von Stephen Mitchell in *Tao Te King.*
Eine zeitgemäße Version für westliche Leser
verwendete Schreibweise.

Verlagsgruppe Random House FSC-DEU-0100
Das FSC®-zertifizierte Papier *Profibulk* von Sappi
für dieses Buch liefert IGEPA.

www.arkana-verlag.de

Vorwort

Mit diesem wunderschönen Buch bietet sich Ihnen die Gelegenheit, die große Weisheit des Tao Te King zu verinnerlichen und direkt zu erfahren..

Die Worte *Tao Te King* lassen sich übersetzen mit »leben und den Großen Weg anwenden«. Dieses Werk – eine Sammlung von 81 Versen, die der chinesische Prophet Laotse vor 2500 Jahren verfasst hat – wird von vielen Gelehrten für das weiseste Buch gehalten, das jemals geschrieben wurde; ein Buch, das Sie dazu ermutigt, Ihr Leben zu ändern, indem Sie Ihre Denkweise ändern.

Für diese Ausgabe habe ich die Verse, die verschiedenen Übersetzungen entnommen und in meinem Buch *Ändere deine Gedanken – und dein Leben ändert sich* in voller Länge zu finden sind, in mundgerechte Happen aufgeteilt und sie um des Sinnverständnisses und der Klarheit willen überarbeitet und umstrukturiert. So können Sie diese machtvollen Gedanken in sich aufnehmen und Ihrem Bewusstsein einprägen.

Wenn Sie immer nur mit einer Grundidee auf einmal arbeiten, werden Sie schließlich die Wahrheit verstehen, die hinter der uralten taoistischen Beobachtung steckt: *Wenn du deine Sicht auf die Dinge veränderst, verändern sich die Dinge, auf die du schaust.*

Wayne Dyer

Das Tao ist sowohl
benannt wie namenlos.
Das Namenlose ist der
Ursprung aller Dinge,
als Benanntes ist es die
Mutter der zehntausend
Dinge.

Das Tao, das mitgeteilt
werden kann,
ist nicht das ewige Tao.
Der Name, der genannt
werden kann,
ist nicht der ewige Name.

Stets frei von Wünschen,
erkennst du klar das Geheimnis.
Stets in Wünschen verstrickt,
siehst du nur die
Erscheinungsformen.
Doch das Geheimnis selbst
ist das Tor
zu allem Verstehen.

Unter dem Himmel
sehen alle Schönheit
nur deshalb als schön,
weil es Hässliches gibt.
Alle erkennen Gutes
nur deshalb als gut,
weil es Böses gibt.

Sein und Nichtsein
erzeugen einander.
Das Schwierige entsteht
aus dem Leichten.
Lang und kurz
bestimmen einander
wie hoch und niedrig.
Vorher und nachher
folgen einander.

Der Weise

handelt

ohne Mühe

und lehrt

ohne Worte.

Wenn das Werk
getan ist,
ist es vergessen.
Daher währt es ewig.

Wird Stellung Wert
beigemessen,
entsteht Streitsucht.

Der Weise herrscht also:
Er leert Geist und Herz,
er schwächt den Ehrgeiz
und stärkt die Knochen.

Übe dich im Nichttun.
Ist das Handeln rein
und selbstlos,
findet alles seinen
vollkommenen Platz.

Das Tao ist leer,
doch unerschöpflich,
bodenlos,
der Ahne von allem.

Im Tao werden

scharfe Kanten rund,

verschlungene Knoten

lösen sich.

Das Tao ist verborgen,
doch immer da.
Ich weiß nicht,
wer es gebar.

Himmel und Erde sind

unvoreingenommen.

Sie sehen die zehntausend

Dinge als Strohhunde.

Der Weise ist nicht

sentimental,

er behandelt sein ganzes

Volk wie Strohhunde.

Der Weise ist wie
Himmel und Erde:
Ihm ist keiner
besonders lieb,
noch missbilligt er
jemanden.

Er gibt und gibt
bedingungslos
und bietet seine Schätze
allen an.

Zwischen Himmel
und Erde ist ein Raum
wie ein Blasebalg,
leer und unerschöpflich,
je mehr er genutzt wird,
desto mehr
bringt er hervor.

Halte am Mittelpunkt fest.
Der Mensch wurde gemacht,
still dazusitzen und
die Wahrheit im Innern
zu finden.

Den Geist,
der niemals stirbt,
nennt man geheimnisvoll
Weibliches.
Auch wenn es zum ganzen
Universum wird,
geht seine unbefleckte
Reinheit nie verloren.

Auch wenn es zahllose Formen annimmt, bleibt seine wahre Identität intakt.

*Das Tor zum
geheimnisvoll Weiblichen
nennt man die Wurzel
der Schöpfung.
Höre auf ihre Stimme,
höre ihr Echo in der
ganzen Schöpfung.*

Ohne Fehl offenbart sie
ihre Gegenwart.
Ohne Fehl führt sie
zur eigenen
Vollkommenheit.

Der Himmel ist ewig –
die Erde von Dauer.
Weshalb sind Himmel und
Erde ewig von Dauer?
Sie leben nicht nur
für sich selbst.
Dies ist das Geheimnis
ihrer Dauerhaftigkeit.

Der Weise setzt
sich hintan,
so endet er vorne.

Diene den Bedürfnissen
anderer,
so werden all deine eigenen
Bedürfnisse gestillt.

Selbstloses Handeln

bringt Erfüllung.

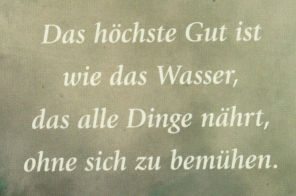

Das höchste Gut ist
wie das Wasser,
das alle Dinge nährt,
ohne sich zu bemühen.

*Lebe in Übereinstimmung
mit der Natur der Dinge.
Das ist das Tao.*

Im Umgang mit anderen:
Sei sanft und gütig.
Halte dein Wort.

Wer in Übereinstimmung

mit der Natur lebt,

läuft dem Wesen der Dinge

nicht zuwider.

Immer weiter füllen

ist nicht so gut

wie aufhören.

Überfüllt, tropft es aus

hohler Hand,

es ist besser, nicht mehr

einzugießen.

Schärfe das Messer zu oft,
und seine Klinge
wird bald stumpf.
Fülle dein Haus mit Jade
und Gold,
und es bringt Unsicherheit.

Zieh dich zurück,
ist das Werk getan;
dies ist der Weg
des Himmels.

*Kannst du Körper
und Seele haben,
das Eine umfassen,
und Trennung
vermeiden?*

Kannst du deinen Körper
so geschmeidig werden lassen
wie den eines neugeborenen
Kindes?
Kannst du beim Öffnen
und Schließen der
Himmelspforte
die weibliche Rolle spielen?

Kannst du
dein Volk lieben
und dein Reich
beherrschen,
ohne dich
wichtig zu finden?

Hervorbringen
und nähren,
haben,
doch nicht besitzen ...
das ist das Tao.

Dreißig Speichen laufen in

einer einzigen Nabe

zusammen.

Vom Loch in der Mitte

hängt

die Brauchbarkeit des

Wagens ab.

Forme Ton zu einem Gefäß.
Der leere Raum darin
macht es brauchbar.
Brich schöne Türen und
Fenster heraus,
doch die Leere macht das
Zimmer brauchbar.

Die Brauchbarkeit dessen,

was ist,

hängt von dem ab,

was nicht ist.

Die fünf Farben
machen das Auge blind.
Die fünf Töne
machen das Ohr taub.
Die fünf Gewürze
stumpfen den
Geschmackssinn ab.
Rennen und Jagen
machen den Geist der
Menschen verrückt.

Energie zum Erlangen

seltener Gegenstände

zu vergeuden

hemmt nur das eigene

Wachstum.

*Der Meister
beobachtet die Welt,
vertraut aber auf seine
innere Vision.*

Gunst suchen ist
erniedrigend:
erschreckend,
wenn sie erlangt ist,
erschreckend,
wenn sie verloren geht.

Wir haben viele Probleme,
weil wir ein Ich haben.
Hätten wir kein Ich,
welche Schwierigkeiten
hätten wir dann?

Das wahre Selbst des
Menschen ist ewig,
doch er denkt:
Ich bin dieser Körper und
werde bald sterben.
Wenn wir keinen Körper
haben, welches Unheil kann
uns heimsuchen?

Wer sich als
alles sieht,
taugt,
Hüter der Welt
zu sein.

Was nicht zu sehen ist,
heißt unsichtbar.
Was nicht zu hören ist,
heißt unhörbar.
Was nicht zu halten ist,
heißt unfassbar.
Diese drei lassen sich nicht
bestimmen,
daher verschmelzen sie
in eines.

Entdecken,
wie die Dinge stets waren,
bringt in Einklang
mit dem Weg.

Die alten Meister waren tiefgründig und feinsinnig. Ihre Weisheit war unergründlich.

Öffne dich dem Tao
und vertraue auf deine
natürlichen Reaktionen;
dann fügt sich eins ins
andere.

Doch das trübste Wasser
wird klar,
wenn es still wird.
Aus dieser Ruhe
entsteht das Leben.

Wer das Tao bewahrt,

begehrt nicht Fülle.

Doch eben weil er nie voll

ist, kann er bleiben wie ein

verborgener Keim

und beeilt sich nicht,

frühzeitig zu reifen.

Werde völlig leer.
Lass dein Herz
in Frieden sein.

*Sieh, wie im Getümmel
weltlichen Kommens
und Gehens,
ein Ende zum Anfang wird.*

Alles erblüht, eins um eins,

nur um zum Ursprung

zurückzukehren –

zu dem, was ist und

sein wird.

Zur Wurzel zurückkehren
heißt Frieden finden.
Frieden finden heißt seine
Bestimmung erfüllen.

Das Wissen vom
Beständigen verleiht
Perspektive.
Diese Perspektive ist
unvoreingenommen.
Unvoreingenommenheit ist
die höchste Vornehmheit.
Die höchste Vornehmheit
ist göttlich.

Da du göttlich bist,

wirst du eins

mit dem Tao sein.

Eins mit dem Tao sein

währt ewig.

Ist der größte Führer

an der Spitze,

weiß das Volk kaum,

dass er da ist.

Die Bestandteile eines
Wagens sind nutzlos,
wirken sie nicht in Einklang
mit dem Ganzen.
Eines Menschen Leben
bringt nichts,
lebt er nicht in Einklang mit
dem ganzen Weltall.

Ist die Größe des Tao da,
fließt das Tun aus dem
eigenen Herzen.
Fehlt die Größe des Tao,
kommt das Tun von
den Regeln
der »Freundlichkeit
und Gerechtigkeit«.

Braucht man Regeln für
Freundlichkeit und
Gerechtigkeit,
und _handelt_ man
tugendhaft,
so ist dies ein sicheres
Zeichen für fehlende
Tugend.
Daher sieht man viel
Heuchelei.

Werden Verwandte uneins,
entstehen Frömmigkeit
und Andachtsriten.
Gerät das Land in Chaos,
erscheinen offizielle
Getreue,
Vaterlandsliebe entsteht.

Gib Heiligkeit auf,

verzichte auf Weisheit,

und es wird hundertmal

besser für alle sein.

Wirf Moral und Gesetze ab,
und die Menschen werden
das Richtige tun.

Ein zufriedener Mensch
ist nie enttäuscht.
Wer weiß,
wann er aufhören soll,
wird bewahrt vor Gefahr.
Nur so kannst du lange
bestehen.

Wichtiger ist es,
die Einfachheit zu sehen,
das eigene wahre Wesen
zu erkennen,
Selbstsucht abzulegen
und Wünsche zu zügeln.

Gib die Gelehrsamkeit auf,
und du bist frei
von allen Sorgen.
Was ist der Unterschied
zwischen Ja und Nein?
Was ist der Unterschied
zwischen Gut und Böse?

Muss ich fürchten,
was andere fürchten?
Sollte ich Trostlosigkeit
fürchten,
wenn es Fülle gibt?

Ich bin nur ein Gast
auf dieser Welt.
Wo sich andere abhetzen,
um Dinge zu erledigen,
nehme ich an,
was angeboten wird.

Ich treibe dahin
wie die Wellen des Meeres,
richtungslos
wie der Wind.

Die größte Tugend ist,
dem Tao zu folgen.
Und allein dem Tao.

Das Tao ist schwer fassbar
und nicht zu greifen.
Obwohl formlos und nicht
zu greifen,
bringt es Formen hervor.

Durch alle Zeitalter
hindurch wurde der Name
des Tao erhalten,
um den Anfang aller Dinge
in Erinnerung zu rufen.

Bestimmt trifft der alte
Spruch hier zu: Das Flexible
bleibt ungebrochen.
Hast du wahrhaft Ganzheit
erlangt,
fließt dir alles zu.

Weil der Weise sich nicht
zur Schau stellt,
sehen die Menschen
sein Licht.

*Das Tao ist verborgen
und namenlos,
doch es allein nährt und
vollendet alle Dinge.*

Um das Tao wirklich zu
sehen, sieh es, wie es ist.
In einem Menschen,
sieh es als Menschen,
in einer Familie,
sieh es als Familie,
in einem Land,
sieh es als Land,
in der Welt,
sieh es als Welt.

Ein Heer,
das nicht weichen kann,
wird besiegt.
Ein Baum,
der nicht biegsam ist,
zerbricht im Wind.

Wenig reden ist natürlich:
Stürmische Winde wehen
nicht den ganzen Morgen,
ein Platzregen dauert
keinen ganzen Tag.

Wenn Himmel und Erde etwas Erzwungenes nicht aufrechterhalten können, wie viel weniger dann der Mensch?

Wer dem Weg folgt,
wird eins mit dem Weg.

*Diese Lehren sind
leicht zu verstehen
und leicht in die Praxis
umzusetzen.
Doch nur wenige auf Erden
verstehen sie,
und nur wenige
setzen sie um.*

*Wer vom Weg und
der Güte abkommt,
wird eins mit Misserfolg.*

Stimmst du
mit dem Weg überein,
durchströmt dich
seine Kraft.

Die alten Meister waren
vorsichtig wie jemand,
der winters einen Bach
überquert.
Wachsam wie Gefahr
witternde Männer.
Einfach wie unbehauenes
Holz.

Wer zu glänzen versucht,
beweist keine Erleuchtung.
Wer sich selber brüstet,
vollbringt keine Leistung.

Darum wurzelt
das Edle in Demut,
Erhabenheit gründet
auf Niedrigkeit.
Deshalb nennt sich der Edle
einsam, mangelhaft und
wertlos.

Wie alles Wasser
zurückfließt,
um Meer zu werden,
fließt die ganze Schöpfung
zurück,
um Tao zu werden.

Es gab etwas Formloses
und Vollkommenes,
bevor das Universum
entstand.
Es ist die Mutter des
Universums.
Ich nenne es das Tao.

Daher ist der Weg groß,
der Himmel groß,
die Erde groß,
der Mensch groß.

Deshalb, um die Menschheit
zu kennen:
Verstehe die Erde.
Um die Erde zu kennen:
Verstehe den Himmel.

Das Schwere

ist des Leichten Wurzel.

Das Stille

ist der Unruhe Herr.

Der Erfolgreiche ist
im Gleichgewicht
und zentriert
inmitten all seines Tuns.

Lässt du dich hierhin und dorthin wehen, verlierst du die Verbindung mit deiner Wurzel. Unruhig sein heißt die Herrschaft über sich verlieren.

Ein Kenner der Wahrheit

reist, ohne eine Spur

zu hinterlassen,

spricht, ohne zu schaden,

gibt, ohne abzurechnen.

Sei weise und hilf allen
Wesen unvoreingenommen,
verlasse niemanden.

Vergeude keine
Gelegenheiten.
Dies nennt man
dem Licht folgen.

Was ist ein guter Mensch
anderes als eines
Schlechten Lehrer?
Was ist ein schlechter Mann
anderes als eines
Guten Aufgabe?

Wenn der Lehrer nicht geachtet
und nicht für den Schüler
gesorgt wird,
entsteht Verwirrung, wie
klug man auch sein mag.
Dies ist das große
Geheimnis.

Kenne die Kraft
des Mannes,
doch behalte die Fürsorge
der Frau.

Das Leitbild der
Welt sein heißt
stets den Pfad der
Tugend gehen
ohne Fehltritt,
und zurückkehren ins
Unendliche.

Wer Glanz versteht,
sich aber an Demut hält,
handelt im Einklang mit
der ewigen Macht.

Brunnen der Welt sein
heißt,
das reichliche Leben der
Tugend führen.

*Wird das Ungeformte zu
Gegenständen geformt,
gehen seine ursprünglichen
Eigenschaften verloren.*

Glaubst du,
du könntest das Universum
übernehmen und
verbessern?
Ich glaube nicht,
dass das geht.

Alles unter dem Himmel ist ein heiliges Gefäß und lässt sich nicht beeinflussen. Es beeinflussen zu wollen führt zum Untergang. Nach etwas greifen zu wollen führt zu Verlust.

*Lass dein Leben sich
natürlich entfalten.
Wisse, dass auch dieses
ein Gefäß der
Vollkommenheit ist.*

Es gibt eine Zeit,

vorne zu sein,

und eine Zeit,

hinten zu sein;

eine Zeit,

in Bewegung zu sein,

und eine Zeit

zu ruhen.

Für den Weisen
bewegt sich das ganze Leben
hin zur Vollkommenheit,
was also braucht er
das Übermäßige,
Übertriebene oder Extreme?

Wer Menschenführer im
Umgang mit dem Leben
leiten will,
warnt sie vor Waffengewalt
zum Erobern.
Waffen wenden sich oft
gegen den, der sie einsetzt.

Wo Heere lagern,
bietet die Natur nichts als
Gestrüpp und Dornen.
Nach einer großen Schlacht
ist das Land verflucht,
die Ernte bleibt aus,
die Erde ist entkleidet ihrer
Mutterschaft.

Hast du dein Ziel erreicht,
darfst du deinen Erfolg
nicht zur Schau stellen,
darfst nicht prahlen mit
deinem Können,
nicht stolz sein.

*Die höchste Tugend ist
Handeln ohne Ichgefühl.
Die höchste Güte ist
bedingungsloses Geben.
Die höchste Gerechtigkeit ist,
ohne Bevorzugung zu sehen.*

Was sich mit Gewalt
anstrengt,
verfällt bald.
Es ist nicht auf den Weg
abgestimmt.
Da es nicht auf den Weg
abgestimmt ist,
kommt sein Ende allzu bald.

Waffen sind Werkzeuge

der Gewalt.

Alle Anständigen

verabscheuen sie.

Daher verwenden

Nachfolger des Tao sie nie.

*Löse Schwierigkeiten,
solange sie noch leicht sind.
Vollbringe Großes, solange
es noch klein ist.*

Frieden und Ruhe
sind dem Herzen des
Anständigen am liebsten,
für ihn ist sogar ein Sieg
kein Grund für Freude.

Wer den Sieg schön findet,
will töten,
und jemand, der töten will,
wird nie über die Welt
obsiegen.

Es ist ein gutes Zeichen,
wenn sich des Menschen
höhere Natur zeigt,
ein schlechtes Zeichen,
zeigt sich seine niedere
Natur.

Das Abschlachten von
Menschenmassen
bringt Kummer und Leid.
Jeder Sieg ist eine
Beerdigung.
Wenn du einen Krieg
gewinnst,
feierst du mit Trauern.

Das ewige Tao
hat keinen Namen.
Obschon es einfach
und subtil ist,
kann niemand in der Welt
es meistern.

Ist das Ganze zerteilt,
brauchen die Teile Namen.
Es gibt schon Namen genug;
wisse, wann du aufhören
musst.
Wisse, wann die Vernunft
Grenzen setzt,
um Gefahr zu vermeiden.

Flüsse und Ströme werden
aus dem Meer geboren,
die ganze Schöpfung wird
aus dem Tao geboren.

Wer andere versteht,
hat Wissen;
wer sich selbst versteht,
hat Weisheit.

Andere beherrschen
erfordert Kraft;
sich selbst beherrschen
erfordert Stärke.

Wenn du begreifst,
dass du genug hast,
bist du wahrhaft reich.

Wer sich seiner Stellung
hingibt,
lebt bestimmt lange.
Wer sich dem Tao hingibt,
lebt bestimmt ewig.

Der große Weg ist universell,
er lässt sich auf links oder
rechts anwenden.
Das Leben aller Wesen
hängt von ihm ab,
dennoch ergreift er nicht
Besitz von ihnen.

Alle Dinge bis hin zum Gras
und den Bäumen
sind weich und biegsam
im Leben,
trocken und spröde im Tod.

Im Selbst gepflegt, wird
Tugend verwirklicht.
In der Familie gepflegt,
fließt die Tugend über.
In der Gemeinschaft
gepflegt, mehrt sich
die Tugend.
Im Land gepflegt, gibt es
Tugend im Überfluss.

Da der Weise

keine Größe beansprucht,

erlangt er Größe.

Musik und Essen sind
vorübergehende Freuden,
doch lassen sie Menschen
anhalten.
Wie fade und schal sind
die Dinge der Welt,
mit dem Tao verglichen!

Wenn du das Tao suchst,
ist nichts zu sehen.
Wenn du darauf horchst,
ist nichts zu hören.
Wenn du es anwendest,
ist es unerschöpflich.

Solltest du etwas
zurückhalten wollen,
so musst du es absichtlich
sich ausdehnen lassen.

Das Tao ist nicht etwas,
was man auf dem Markt findet
oder das vom Vater
auf den Sohn übergeht.
Es ist nicht etwas,
das man durch Wissen erlangt
oder durch Vergessen verliert.

Tugendhafte
suchen keine Fehler.
Wer Fehler sucht,
hat keine Tugend.

Genieße gesundes Essen,
freue dich an nützlicher
Kleidung,
sei zufrieden in deinem
behaglichen Zuhause,
und schütze deine Lebensart.

*Das Sanfte überdauert
das Starke.
Das Verborgene überdauert
das Offensichtliche.*

*Der Fisch kann nicht
aus den Tiefen des
Wassers steigen,
und die Waffen eines Landes
sollen nicht zur Schau
gestellt werden.*

Das Tao tut nichts
und lässt dennoch nichts
ungetan.

Weil der Weise kein
Ziel im Sinn hat,
glückt ihm alles,
was er tut.

Wenn das Leben einfach ist,
fallen Vortäuschungen weg,
die Wesensessenz
schimmert durch.

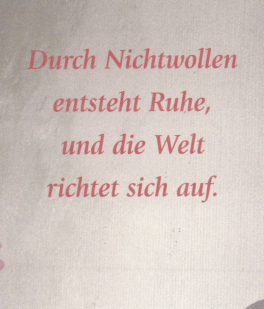

Durch Nichtwollen
entsteht Ruhe,
und die Welt
richtet sich auf.

Wo Stille ist,
findet jeder den Anker des
Weltalls in sich.

Ein wahrhaft guter
Mensch ist sich seiner Güte
nicht bewusst
und daher gut.
Ein Törichter versucht
gut zu sein,
und ist daher nicht gut.

Der Meister tut nichts,
doch er lässt nichts ungetan.
Der Gewöhnliche tut immer
irgendetwas,
doch noch viel mehr bleibt
zu tun übrig.

Denk nie daran,
andere mit Gewalt
zu besiegen.

Wenn das Tao verloren geht,
ist Güte da.
Wenn die Güte verloren geht,
ist Moral da.
Wenn die Moral verloren geht,
gibt es Rituale.
Rituale sind die Hülle des
wahren Glaubens,
der Beginn des Wirrwarrs.

*Der große Meister folgt
seinem eigenen Wesen,
nicht dem äußeren Drum
und Dran des Lebens.*

Es heißt:
»Er bleibt bei der Frucht,
nicht dem Flaum.«
»Er bleibt beim Festen, nicht
dem Fadenscheinigen.«
»Er bleibt beim Wahren,
nicht dem Falschen.«

Der Meister handelt

ohne Erwartung

und hat Erfolg,

ohne Anerkennung

zu verlangen.

Wenn der Mensch
das Tao stört,
verkommt der Himmel,
verödet die Erde,
zerfällt das Gleichgewicht,
sterben die Geschöpfe aus.

Wer selbstgefällig ist,
wird nicht geachtet.
Wer prahlt,
hält nicht durch.

Ein großer Führer
redet wenig
und nie unüberlegt.

Die eigene Rolle spielen,
in Übereinstimmung mit
dem Weltall,
ist wahre Demut.

Wahrlich: Zu viel Ehre

ist keine Ehre.

Es ist nicht weise,

wie Jade zu glitzern

und zu klingen wie

Steingeläut.

Das Tao gebar die Eins.
Die Eins gebar die Zwei.
Die Zwei gebar die Drei.
Und die Drei zeugte die
zehntausend Dinge.
Die zehntausend Dinge
tragen das Yin in sich und
umfassen das Yang.
Sie erlangen Harmonie
durch Verbindung der
Kräfte.

Nichts auf der Welt ist
weicher und schwächer
als Wasser.
Doch um Hartes und
Unnachgiebiges anzugreifen,
ist es unübertroffen.
Nichts gleicht ihm.

Ein großer Schüler
hört vom Tao
und beginnt eifrig zu üben.
Ein durchschnittlicher
Schüler hört vom Tao
behält einiges,
verliert einiges.

Was keine Substanz hat,

dringt ein,

wo kein Raum ist.

Daher kenne ich den Wert

des Nichthandelns.

Weil der Weise nichts zu beweisen braucht, können sie seinen Worten vertrauen.

Denn man gewinnt
durch Verlust
und verliert
durch Gewinn.

Gewalttätige sterben nicht
eines natürlichen Todes.
Dies ist eine
grundsätzliche Lehre.

*Das Weichste von allem
überwindet das Härteste
von allem.*

Belehren ohne Worte,
vollbringen,
ohne zu handeln,
wenige auf Erden
erfassen es.
Dies ist der Weg des
Meisters.

Selten in der Tat sind jene, die die Wohltaten der Welt erlangen.

Was bedeutet dir mehr:
du oder dein Ruf?
Was bringt dir mehr:
du oder dein Besitz?

Ich sage dir:
Was du gewinnst,
bringt mehr
Schwierigkeiten als das,
was du verlierst.

Liebe ist die Frucht
des Opfers.
Reichtum ist die Frucht
der Großzügigkeit.

Wirf Ehrgeiz und
Gewinnsucht ab,
und es wird keine Diebe
geben.

Die größte

Vollkommenheit scheint

unvollkommen zu sein,

und doch ist sie von

unerschöpflichem Nutzen.

Die größte Fülle scheint

leer zu sein,

und doch ist sie von

endlosem Nutzen.

Große Geradheit scheint
krumm zu sein.
Große Intelligenz scheint
dumm zu sein.
Große Redekunst scheint
unbeholfen zu sein.
Große Wahrheit scheint
falsch zu sein.
Große Rede scheint
still zu sein.

Tätigkeit bezwingt Kälte;
Untätigkeit bezwingt Hitze.
Stille und Ruhe
bringen die Dinge
im Weltall in Ordnung.

Wenn die Welt den
Weg besitzt,
werden Rennpferde zum
Pflügen der Felder geschirrt.
Wenn die Welt den Weg
nicht besitzt,
werden Kriegspferde auf
dem Land gezüchtet.

Kein größerer Verlust
als der Verlust des Tao,
kein größerer Fluch
als Habsucht,
keine größere Tragödie
als Unzufriedenheit.

Der schlimmste
Fehler ist – stets –
mehr zu wollen.

Genügsamkeit allein genügt.
Tatsächlich findet sich das
Glück der Ewigkeit
in deiner Genügsamkeit.

Kenne die Welt,
ohne vor die Tür zu treten.
Ohne aus dem Fenster zu
blicken,
kannst du den Weg des
Himmels schauen.

*Je weiter
einer geht,
desto weniger
weiß er.*

Daher macht sich der Weise
nicht auf
und weiß dennoch,
er schaut nicht
und sieht dennoch.

Lernen ist tägliches Mehren.
Die Übung des Tao ist
tägliches Mindern.
Mindern und wieder
mindern bis zum Nichttun.

Wenn nichts getan wird,
bleibt nichts ungetan.

Wahre Meisterschaft wird
dadurch erlangt,
den Dingen ihren Lauf
zu lassen.

Der Geist des Weisen
ist nicht starr,
er ist sich der Bedürfnisse
anderer bewusst.

Wer gut ist,
den behandelt er mit Güte.
Wer schlecht ist,
den behandelt er auch
mit Güte,
weil das Wesen seines Seins
gut ist.

Der Himmel bittet nicht,
und doch wird er mit allem
Nötigen versorgt.

Der Weise erkennt sich,
doch trägt er sich nicht
zur Schau.

Einen großen Staat regiert
man so,
wie man kleine Fische brät.
Mit zu viel Gestocher
ruiniert man sie.

Öffne den Mund,

sei stets geschäftig,

dann ist das Leben

hoffnungslos.

Das Kleine sehen

heißt Klarheit.

Flexibel bleiben

heißt Stärke.

Erkenne deine Essenz,
und du wirst dem Ende
beiwohnen,
ohne zu enden.

Der Weg verbindet jedes
Lebewesen mit seinem
Ursprung.
Er entsteht plötzlich,
unbewusst, makellos, frei,
nimmt physische Gestalt an,
lässt sich von den
Umständen vollenden.

Daher ehren alle
Wesen den Weg
und schätzen seine Tugend.
Man hat ihnen nicht
befohlen, das Tao zu ehren
und der Tugend zu huldigen,
doch tun sie es immer
von selbst.

Das Tao
schenkt ihnen Leben.
Die Tugend
nährt und erhält sie,
zieht sie auf,
beschirmt und
beschützt sie.

Das Tao erzeugt,
ohne zu besitzen.
Das Tao gibt
ohne Erwartung.

Das Tao fördert
das Wachstum,
ohne zu herrschen.
Dies nennt man
verborgene Tugend.

Alles unter dem Himmel hat
einen gemeinsamen Anfang.
Dieser Anfang ist die
Mutter der Welt.

Halte den Mund,
hüte die Sinne,
dann ist das Leben
stets erfüllt.

Wenn du das strahlende
Leuchten benutzt,
kehrst du wieder zum Licht
zurück
und bewahrst dich vor
Unglück.
Das nennt man
die Übung des ewigen Lichts.

Der Pomp auf Kosten
anderer
ist wie das Prahlen
von Dieben nach einer
Plünderung.
Dies ist nicht das Tao.

Des Himmels Netz fängt
alles auf.
Obwohl es grobmaschig ist,
schlüpft nichts hindurch.

Hast du keine Angst
vor dem Sterben,
dann gibt es nichts,
das du nicht erlangen
kannst.

Weil der Weise nicht weiß,

wer er ist,

erkennen sie sich in ihm

wieder.

Das Tao ist überall,
es ist alles geworden.

Wer in Einklang mit dem Tao ist,
ist wie ein neugeborenes Kind.
Tödliche Insekten stechen
es nicht.
Wilde Tiere greifen es nicht an.
Raubvögel stechen nicht auf
es herab.
Seine Knochen sind schwach,
seine Muskeln sind weich,
doch sein Griff ist fest.

Harmonie erkennen

heißt das Unveränderliche

erkennen.

Das Unveränderliche

erkennen

heißt Einsicht haben.

Was in Einklang mit dem
Tao ist, bleibt.
Erzwungenes wächst
eine Weile,
doch dann welkt es dahin.
Das ist nicht das Tao.

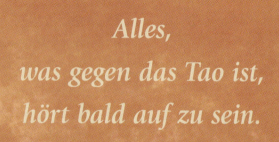

Alles,
was gegen das Tao ist,
hört bald auf zu sein.

Wer weiß,
redet nicht.
Wer redet,
weiß nicht.

Verschließ alle Öffnungen!
Halte den Mund,
versperr deine Sinne,
mach deine Schärfe stumpf,
löse die Knoten,
mildere deinen Glanz,
lasse deinen Staub
sich legen.
Dies ist die erste Verbindung
oder geheime Umarmung.

Willst du ein großer
Führer werden,
dann musst du lernen,
dem Tao zu folgen.

Unterlass jeden Versuch,
Kontrolle auszuüben.
Lass festgelegte Pläne und
Konzepte los,
und die Welt wird sich selbst
regieren.

In dieser Welt gilt:
Je mehr Einschränkungen
und Verbote es gibt,
desto mehr verarmen die
Menschen.

Daher sagt der Weise:
Ich werde nicht tätig,
und die Menschen
bessern sich.
Ich bin friedlich,
und die Menschen
werden ehrlich.
Ich tue nichts,
und die Menschen
werden reich.

Kennt der Herrscher
sein eigenes Herz,
so sind die Menschen
einfach und rein.
Mischt er sich in ihr
Leben ein,
so werden sie unruhig
und verwirrt.

Unglück ist das,
woran sich das Glück lehnt,
Glück ist das,
worin sich das Unglück
versteckt.

*Daher begnügt sich
der Meister,
als Vorbild zu dienen,
ohne seinen Willen
aufzuzwingen.*

Solltest du etwas

wegnehmen wollen,

so musst du ihm absichtlich

Zugang verschaffen.

Beim Regieren von
Menschen und dem Dienst
an der Natur
übertrifft nichts Sparsamkeit
und Mäßigung.

Zurückhaltung beginnt mit
dem Aufgeben eigener Ideen.
Dies hängt von früher
angesammelter Tugend ab.

Wenn nichts unmöglich ist,
gibt es keine Grenzen.
Wenn ein Mensch keine
Grenzen kennt, ist er zum
Führen geeignet.

*Der Weise lebt im
Einklang mit allem unter
dem Himmel.*

Nähere dich dem Universum
mit dem Tao,
und das Böse wird keine
Macht haben.
Nicht, dass es nicht mächtig wäre,
doch seine Macht wird nicht zum
Schaden anderer eingesetzt.
Nicht nur wird es anderen
nicht schaden,
sondern der Weise ist ebenfalls
geschützt.

Ließen Herrscher und
Volk nur davon ab,
einander zu schaden,
häufte sich das ganze Wohl
des Lebens
im Königreich an.

*Ein großes Land
ist wie die Ebene,
in welche alle Ströme
fließen.
Sie ist das Sammelbecken
von allem unter dem
Himmel,
das Weibliche der Welt.*

Wenn sich also ein großes Land
einem kleinen unterstellt,
gewinnt es Freundschaft
und Vertrauen.
Und wenn ein kleines Land sich
einem großen unterstellt,
gewinnt es das große für sich.
Das eine gewinnt,
da es sich unterstellt,
das andere, indem es unten
bleibt.

Das Tao ist das Schatzhaus
des wahren Wesens,
der geheime Ursprung
aller Dinge.

Scheint jemand böse zu sein,
so stoße ihn nicht aus.
Wecke ihn mit deinen
Worten,
erbaue ihn mit deinen
Taten.

Wenn ein neuer Führer
gewählt wird,
biete ihm nicht deinen
Reichtum oder dein
Fachwissen an.
Hilf ihm, über das Prinzip
zu meditieren.
Biete ihm vielmehr an, ihn
über das Tao zu belehren.

Das Tao ist der Ursprung

alles Guten

und das Heilmittel für

alles Böse.

Übe Nichthandeln.

Arbeite, ohne zu tun.

Schmecke das
Geschmacklose.
Vergrößere das Kleine,
mehre das Wenige.
Vergilt Bitterkeit mit
Fürsorge.

Sieh Einfachheit
im Komplizierten.
Erlange Größe
in kleinen Dingen.

Waffen dienen dem Bösen.
Sie sind Werkzeuge derer,
die sich der weisen Regel
widersetzen.
Setze sie nur im Notfall ein.

Der Weise trachtet nie
nach dem Großen,
folglich erlangt er Größe.

Das ist der Weg,

tief im Tao verwurzelt

und fest darin eingepflanzt

zu sein.

Was ruhig ist,
lässt sich leicht bewältigen.
Was noch nicht offenbar ist,
lässt sich leicht verhindern.

Handle, bevor etwas da ist.
Bewältige die Dinge,
bevor es Unordnung gibt.

Wahre Worte

scheinen oft

paradox zu sein.

241

Der Weise handelt nicht
und wird nicht bezwungen.
Er hält nichts fest,
daher verliert er nicht.

Die Leute scheitern gewöhnlich kurz vor dem Erfolg. Widme also dem Ende so viel Sorge wie dem Anfang, dann gibt es kein Scheitern.

Der Weise sammelt keine
kostbaren Dinge an.
Er lernt, nicht an Ideen
festzuhalten.

Wenn sie glauben,

dass sie die Antworten

kennen,

sind die Menschen schwer

zu lenken.

Wenn sie wissen,

dass sie nicht wissen,

können die Menschen ihren

eigenen Weg finden.

Nicht Schlauheit

einzusetzen,

um ein Land zu regieren,

bringt Glück

für das Land.

Das einfachste Vorbild ist
das deutlichste.
Zufrieden mit einem
gewöhnlichen Leben,
kannst du allen Menschen
den Weg zeigen,
der zu ihrem eigenen wahren
Wesen zurückführt.

Weshalb ist das Meer König
von hundert Strömen?
Weil es tiefer liegt als sie.
Demut verleiht ihm seine
Macht.

Er ist freundlich zu den
Freundlichen
und freundlich zu den
Unfreundlichen,
weil das Wesen seines Seins
Freundlichkeit ist.

Der große Weg ist sehr eben
und gerade,
dennoch ziehen die
Menschen Seitenpfade vor.

*Der Weise bleibt niedrig,
und die Welt wird nicht
müde, ihn zu verherrlichen.*

Kühne Taten gegen andere
führen zum Tod.
Kühne Taten im Einklang
mit dem Tao
führen zum Leben.

Solltest du etwas

schwächen wollen,

so musst du es absichtlich

stark werden lassen.

Ich habe drei Schätze,
die ich festhalte
und über die ich wache.
Der erste ist Güte.
Der zweite Genügsamkeit.
Der dritte Bescheidenheit.

Ein großer Führer arbeitet
ohne Eigeninteresse
und hinterlässt keine Spur.
Wenn alles beendet ist,
sagt das Volk:
»Wir haben es ganz alleine
vollbracht.«

Den Treuen gegenüber
ist der Weise treu,
und treu auch den Untreuen
gegenüber.

Die Liebe besiegt alle
Angreifer,
und ist unüberwindlich
bei der Verteidigung.

Wen der Himmel
beschützen will,
schickt er dem ein Heer?
Nein, er schützt ihn
durch Liebe.

Ein guter Soldat
ist nicht gewalttätig.
Ein guter Kämpfer
ist nicht zornig.

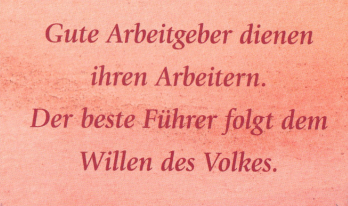

Gute Arbeitgeber dienen
ihren Arbeitern.
Der beste Führer folgt dem
Willen des Volkes.

Nichtwetteifern, Nichtstreiten, die Kräfte der anderen nutzen – das sind die Tugenden, die man seit uralter Zeit als höchstes Einssein mit dem Himmel kennt.

Es gibt ein Sprichwort
unter Soldaten:
Ich wage nicht,
den ersten Zug zu tun,
sondern möchte lieber
den Gast spielen.
Ich wage keinen Zentimeter
vorzurücken,
sondern ziehe mich lieber
einen Fuß zurück.

Es gibt kein größeres
Unglück als das Gefühl
»ich habe einen Feind«.
Wenn »ich« und »Feind«
gleichzeitig existieren,
bleibt kein Platz für das Tao.

Wenn also zwei Gegner
aufeinandertreffen,
wird der ohne Feind
mit Sicherheit siegen.

Wenn Heere einander

ebenbürtig sind,

siegt das mitfühlende.

.

*Der Weise kleidet
sich schlicht,
doch sein Inneres
ist voller Edelsteine.*

Wer der Güte folgt,
wird eins mit der Güte.

Unwissen erkennen

ist Stärke.

Erkenntnis missachten

ist Krankheit.

Wenn den Menschen die Ehrfurcht fehlt,
gibt es ein Unglück.
Wenn Menschen die weltliche Macht nicht fürchten,
kommt eine größere Macht.

*Der Weise ist nicht krank,
sondern die Krankheit leid.
Das ist das Geheimnis von
Gesundheit.*

*Handle
und verdirb es.
Halte fest
und verlier es.*

Beschränke nicht die Sicht
deiner selbst.
Verachte nicht die Umstände
deiner Geburt.

Der Weise pflegt Dinge,
ohne sie zu besitzen,
er arbeitet,
doch nicht gegen Lohn,
er wetteifert,
doch nicht für ein Ergebnis.

Wäre man kühn,

ohne gütig zu sein,

wäre man weitherzig,

ohne genügsam zu sein,

ginge man voran,

ohne bescheiden zu sein,

so würde man sterben.

Weil der Meister das Helfen
aufgegeben hat,
ist er für die Menschen
die größte Hilfe.

Der Weise bleibt ein Diener,

und die Welt wird nicht

müde, ihn zu ihrem König

zu machen.

Der Weg des Himmels bezwingt, ohne zu kämpfen. Er spricht nicht und findet doch Antwort.

Wer über anderen
stehen will,
muss demütig reden.
Wer führen will,
muss folgen.

Wer im Tao verwurzelt ist,
wird nicht entwurzelt.
Wer das Tao annimmt,
gleitet nicht ab.

Erkennst du klar,
dass sich alle Dinge
verändern,
dann wirst du dich an
nichts festhalten wollen.

Alle Dinge kehren zum
großen Weg als ihrem
Zuhause zurück,
aber er spielt sich nicht
über sie auf.
Daher nennt man ihn
»groß«.

Wer mit der Axt des
Zimmermanns zuschlägt,
verletzt sich bestimmt
die eigene Hand.

Wenn die Steuern
zu hoch sind,
hungern die Menschen.
Wenn die Regierung sich
zu sehr einmischt,
verlieren die Menschen
den Mut.

Plustere dich auf
mit Ehre und Stolz,
und niemand kann dich
retten vor dem Fall.

Da der Weise sich
Schwierigkeiten immer stellt,
erfährt er nie welche.

Steifheit ist ein Gefährte
des Todes,
Biegsamkeit eine Gefährtin
des Lebens.

Könnten sich Mächtige
im Tao zentrieren,
verwandelte sich die ganze
Welt von selbst
in ihrem natürlichen
Rhythmus.

Das Harte

und Steife bricht,

das Weiche,

Geschmeidige siegt.

Der Weg des Himmels
ist wie das Bogenspannen:
Das Hohe drückt er
nach unten,
das Niedrige erhöht er.

Er nimmt von dem,
was zu viel ist,
und mehrt, wo zu wenig ist.
Der Weg der Menschheit
ist umgekehrt:
Er nimmt, wo zu wenig ist,
um zu mehren,
wo zu viel ist.

Welcher Mensch

hat mehr als genug

und gibt es der Welt?

Nur der Mensch des Tao.

Der Meister kann

immerfort geben,

weil sein Reichtum

niemals versiegt.

Diese Dinge aus alter Zeit
entstehen aus dem Einen:
Der Himmel ist ganz
und weit.
Die Erde ist ganz und fest.
Der Geist ist ganz und voll.

Rückkehr
ist die Bewegung des Tao.
Nachgeben
ist der Weg des Tao.
Die zehntausend Dinge
entstammen dem Sein.
Das Sein entstammt dem
Nichtsein.

Das Schwache überwindet
das Starke,
das Weiche übertrifft
das Harte.
Auf der ganzen Welt gibt
es niemanden,
der dies nicht wüsste,
doch niemand meistert
die Übung.

Der beste Herrscher

herrscht wahrlich

am wenigsten.

Der Weise liebt sich,
doch erhöht er sich nicht.

Zufrieden sein mit dem,
was du hast,
ist am Ende immer
das Beste.

Jemand muss riskieren,
Verletzung mit Güte zu
vergelten,
sonst wird aus Feindseligkeit
nie Wohlwollen.

Hat jemand wahre Tugend,
so sucht er stets eine
Möglichkeit zu geben.
Hat jemand keine wahre
Tugend,
so sucht er stets eine
Möglichkeit zu bekommen.

Der Weise zieht das,

was innen ist,

dem vor,

was außen ist.

Der Meister ist spitz,
durchbohrt jedoch nicht,
er biegt gerade,
stört jedoch nicht,
er erhellt,
blendet jedoch nicht.

Wahre Worte
sind nicht schön.
Schöne Worte
sind nicht wahr.

Denke daran:

Ein Baum, den ein Mann umfängt, entsteht aus einem Sämling.

Ein neun Stockwerke hoher Turm beginnt mit dem ersten Baustein.

Eine Reise von tausend Meilen beginnt mit dem ersten Schritt.

Gute Menschen
streiten nicht.
Wer streitet,
ist nicht gut.

Solltest du etwas
ausräumen wollen,
so musst du es absichtlich
erblühen lassen.

Weise sammeln nichts an,
sondern geben alles den
anderen,
sie haben umso mehr,
je mehr sie geben.

*Widersetze dich
nicht dem natürlichen Lauf
deines Lebens.
So wirst du der Welt nie
überdrüssig.*

Steht Besitz zu hoch
im Kurs,
beginnen die Menschen
zu stehlen.

Begehrenswertes nicht

zeigen, so macht man,

dass des Volkes Herz nicht

wirr wird.

Das Tao scheint
der gemeinsame Ahne
von allem zu sein,
der Vater der Dinge.

Der Weise bleibt Zeuge

des Lebens,

so ist er von Dauer.

Herrsche gerecht.
Sei zeitgemäß und wähle
den richtigen Zeitpunkt.

Der Weise wirkt im Interesse
der Menschen.
Er vertraut ihnen und
lässt sie in Ruhe.

Arbeiten, doch kein Lob
erwarten,
Führen, ohne Kontrolle zu
üben oder zu dominieren.
Wer auf diese Kraft achtet,
bringt das Tao in die Welt.

Der Meister lässt die Dinge
kommen und gehen.
Er zieht das, was innen ist,
dem vor, was außen ist.

Wer sich selbst liebt wie alle,

taugt, Lehrer der Welt

zu sein.

Von Güte kommt Mut.
Von Genügsamkeit kommt
Großzügigkeit.
Von Bescheidenheit kommt
Führungskraft.

*Obwohl dunkel und
undeutlich,*
ist es der Geist, die Essenz,
der Lebensodem aller Dinge.

Um den Himmel zu kennen:

Verstehe den Weg.

Wenn du deine
ursprünglichen
Eigenschaften beibehältst,
kannst du alles beherrschen.

Angeberei …

Prahlerei …

Selbstgerechtigkeit …

Auf dem Weg des Tao

müssen genau diese Dinge

ausgerissen, weggeworfen

und zurückgelassen werden.

Alle Menschen fühlen sich
zu dem Weisen hingezogen.
Er verhält sich wie ein
kleines Kind.

In dieser Welt gilt:
Je gewiefter und schlauer
der Plan,
desto seltsamer das Ergebnis.
Je mehr Gesetze
verabschiedet werden,
desto mehr Diebe
erscheinen.

Der Weise sagt:
Wenn ich aufhöre,
mich Menschen
aufzudrängen,
werden sie sie selbst.

Das Weibliche besiegt das Männliche durch Stille, indem es sich durch seine Ruhe unterstellt.

*Das Tao ist der Schatz
des guten Menschen,
und die Zuflucht des
schlechten Menschen.*

Erst wenn es uns krank
macht, krank zu sein,
hören wir auf,
krank zu sein.

Der Weise hilft den
zehntausend Dingen,
ihr eigenes Wesen zu finden,
doch erlaubt er sich nicht,
sie an der Nase
herumzuführen.

Zum Gebenden kommt
die Fülle des Lebens,
zum Nehmenden bloß
eine leere Hand.

Der Meister hält sich nicht
für besser als andere.

*Der Weise gibt stets,
ohne Dank zu erwarten.*

Vertraut ein Führer

niemandem,

vertraut ihm niemand.

Wer auf Zehenspitzen steht,
steht nicht sicher.
Wer große Schritte macht,
kann nicht weit gehen.

Der Kenner der Wahrheit:
Die Tür, die er schließt,
lässt sich nicht öffnen,
obwohl sie kein Schloss hat.
Die Schlinge, die er knüpft,
lässt sich nicht lösen,
obwohl keine Schnur
verwendet wurde.

Wenn ein Weiser über den
Menschen steht,
fühlen sie sich nicht
unterdrückt.
Und wenn er den Leuten
vorangeht,
sind sie nicht verletzt.

Lass dich nicht durch
Anhängen oder Abneigung
bewegen,
durch Profit oder Verlust
beeinflussen,
oder durch Ehre oder
Schmach berühren.

Das höchste Gut
fließt an niedrige Orte,
die Menschen verabscheuen.
Somit gleicht es dem Tao.

Wer in Übereinstimmung
mit der Natur lebt,
bewegt sich in Harmonie mit
dem Augenblick
und kennt stets die Wahrheit
dessen, was zu tun ist.

Seine Bestimmung erfüllen
heißt beständig sein.
Das Wissen vom
Beständigen nennt man
Einsicht.

Wie weiß ich um die Art
aller Dinge am Anfang?
Ich blicke in mein Inneres
und sehe, was in mir ist.

Der Erfolgreiche,

auch wenn er umgeben

ist von Reichtum,

wankt nicht.

Es gibt eine Zeit,
kraftvoll zu sein,
und eine Zeit,
erschöpft zu sein;
eine Zeit, sicher zu sein,
und eine Zeit,
in Gefahr zu sein.

Der Weise strebt nicht und erlangt dennoch Vollendung.

*Bei einem guten Vorrat
an Tugend ist nichts
unmöglich.*

Der Meister bleibt gelassen
mitten im Leid,
das Böse kann nicht in sein
Herz eindringen.

Scheint jemand
böse zu sein,
stoße ihn nicht aus,
stoße seine Bosheit aus.

Der Weise schätzt nicht,
was schwer zu erreichen ist.

Um den Weg zu kennen:
Verstehe das Große in dir.

Der Weise ahmt die Wege
des Himmels nach,
er handelt zum Besten aller
und widersetzt sich
niemandem.

Im Tao wird die Sonne
weicher durch eine Wolke,
der Staub setzt sich.

Er eilt nicht,

und doch vollendet er alles

zur rechten Zeit.

Auch wenn das Tao

unsichtbar ist,

dauert es fort,

es wird niemals enden.

Der Weise steht weit über den Sorgen der Menschen, nimmt jedoch den liebsten Platz in deren Herzen ein.

Je ausgeklügelter die Waffen

des Staates sind,

desto dunkler ist das Land.

355

Wenn du den Weg
des Tao befolgst,
wird dein Tun naturnah
und deine Art
die Art des Himmels.

Was zerbrechlich ist,

lässt sich leicht zerschlagen.

Was klein ist,

lässt sich leicht zerstreuen.

Gelassen ist es und leer.
Allein. Unveränderlich.
Grenzenlos. Ewig
gegenwärtig.
Das ist das Tao.

Sich vollessen und trinken,

Reichtum anhäufen,

bis man nichts mehr

damit anzufangen weiß,

das ist nicht das Tao.

Er sieht alles
als sein eigenes Selbst,
er liebt alle
wie sein eigenes Kind.

*Fürchte die Dunkelheit nicht,
denn überall erstrahlt das Licht.*

Wahre Meisterschaft wird nicht durch Einmischen erlangt.
Das ist nicht das Tao.

Beim Wohnen:
Bleibe erdnah.
Beim Meditieren:
Geh tief in dein Herz.

Das Tao ist das Edelste
auf der Welt.

Der Himmel
tut allen Gutes
und niemandem
Böses.

Dank und Quellenangaben

Auf einige Übersetzungen des Tao Te King habe ich mich stärker gestützt als auf andere, und ich würde hier gerne erwähnen, dass ich am Ausführlichsten aus der Übertragung von Jonathan Star in *Tao Te Ching: the Definitive Edition* zitiert habe; diese Version stieß bei mir auf die stärkste Resonanz und stimmte am meisten mit meiner Sicht und Deutung des Tao überein. (Insbesondere wurden bei den Versen 6, 13, 18, 29, 30, 33, 38, 39, 44, 46, 54, 56, 58, 62, 67, 69, 72, 74, 76 und 79 in *Ändere deine Gedanken – und dein Leben ändert sich* größere Abschnitte aus Stars Übertragung übernommen.)

Ich danke den Übersetzern und Autoren
der folgenden Bücher:

Bynner, Witter (translated by): *The Way of Life According to Lao Tzu.*

Cleary, Thomas (translated and presented by): *The Essential Tao. An Initiation into the Heart of Taoism through the Authentic Tao Te Ching and the Inner Teachings of* Chuang Tzu.

Hodge, Stephen: *The Illustrated Tao Te Ching: A New Translation with Commentary.*

Laotse: *Tao Te King. Eine zeitgemäße Version für westliche Leser*, ins Engl. übers. v. Stephen Mitchell. Deutsche Ausgabe: Goldmann 2003.

Lao Tse: *Tao Te King*. Eine neue Bearbeitung von
Gia-Fu Feng & Jane English. Irisiana 1980.

Lao-Tzu: *Tao-Te-Ching: A New Translation* by Derek Bryce
and Léon Wieger.

Lao Tzu: *Tao Te Ching: A New Translation* by Sam Hamill.

Lao Tzu: *Tao The Ching*. Translated by John C.H. Wu.

Lao Tzu: *Tao Te Ching: The Definitive Edition*. Translation and
Commentary by Jonathan Star.

LaTorra, Michael: *A Warrior Blends with Life: A Modern Tao*.

Anmerkung des Verlags:
Für die deutsche Übersetzung wurden zusätzlich
folgende Ausgaben des »Tao Te King« verwendet:

*Lao Tse: Das Buch vom rechten Wege und von der rechten
Gesinnung (Tao Te King)*. Übersetzung: Jan Ulenbrook,
Ullstein 1980

Laotse: Tao *Te King. Das Buch vom Sinn und Leben*.
Übersetzung: Richard Wilhelm. Diederichs Gelbe Reihe
2004

Über den Autor

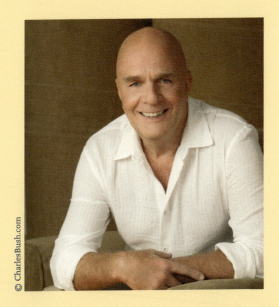

Dr. Wayne Dyer wurde 1940 geboren. Er gehört zu den meist-
gelesenen Autoren auf dem Gebiet der Lebensratgeber und der
Selbsthilfe. Er ist Autor zahlreicher Bücher, die weltweit über
50 Millionen mal verkauft wurden. Zudem gibt es von ihm Audio-
Programme und DVDs. Zu seinen bekanntesten Büchern gehören:
»Mit Absicht. Den eigenen Lebensplan kennen und verwirkli-
chen«, »Ändere deine Gedanken – und dein Leben ändert sich.
Die lebendige Weisheit des TAO« sowie »Keine Ausreden. Wie wir
destruktive Denkmuster ändern können«. Wayne Dyer lebt mit
seiner Familie auf Maui, Hawai.